CONQUISTA A TU PROFESOR@

Asegura el logro de tus objetivos de alto nivel optimizando 5 habilidades

GARY MATURANA

Conquista a tu profesor@
Primera edición, Diciembre 2019

©Gary Maturana, 2019
garymescritor@gmail.com

LinkedIn: linkedin.com/in/garymaturana
https://www.facebook.com/GaryMaturanaMacivos
https://www.instagram.com/garymaturana/
YouTube: https://www.youtube.com/user/GaryMaturana

Página de Autor de Amazon:
amazon.com/author/garymaturana

Publicado por Marcel Verand

El presente texto es de única responsabilidad del autor. Queda prohibida su total o parcial reproducción por cualquier medio de impresión o digital en forma idéntica extractada o modificada, en castellano o en cualquier idioma, sin autorización expresa del autor.

DEDICATORIA

Con todo mi cariño para la maravillosa mujer que en 2007 fue mi profesora; que en 2009 me aceptó una invitación a salir; que a finales de 2010 se dio cuenta de que lo que teníamos era un noviazgo; que en 2013 tomó la decisión de ser mi prometida y que, finalmente, en 2014, me dio el gran sí.

AGRADECIMIENTO

Profundamente agradecido con las personas que le aportan a mi vida: mis familiares, mis amigos y mis socios. A ti, lector, te honro profundamente por darte la oportunidad de adquirir herramientas que vienen de mi vivencia y de mi propósito.

TESTIMONIOS

En mi primera visita de negocios a Colombia tuve la maravillosa oportunidad de encontrarme con Gary Maturana: una persona cálida, servicial, preocupada por los demás. Observé en él una notable empatía con las personas y grandes cualidades como líder, que, sin duda, le han permitido alcanzar muchos logros y ayudar en su camino a muchas personas mediante el pensamiento creativo y proactivo que lo caracteriza. En su relación personal y profesional con su esposa se nota una armonía y un apoyo recíproco, el que solo las buenas relaciones y el respeto logran a través del tiempo. Es una persona que admiro y de la que deseo aprender. Le auguro muchos éxitos.

Dunnia Vargas
Empresaria de Costa Rica

Me siento muy identificada con Gary, ya que su historia con su pareja –Tatiana– es muy similar a la mía: yo también me enamoré de un maestro y, ahora que somos pareja, nuestra relación está cargada de valor y aprendizaje continuo; es la magia de vivir con el profesor en casa. He compartido con Tatiana en diferentes ámbitos, y veo en ella y en Gary una conexión profunda como pareja, esa complicidad que los lleva a apalancarse en proyectos comunes, a alcanzar conjuntamente logros de alta relevancia para sus propósitos individuales y compartidos. Es algo asombroso, ya que años atrás este nivel de relación y de unión era difícil de imaginar.

Daniela Bernal
Empresaria de Colombia

PRÓLOGO

Después de leer Conquista a tú profesor@, lo primero que quiero expresar es Gracias. Como dice el autor en una parte de su escrito, vibrar desde tu ser es la base para que lo demás pueda suceder. En este escrito Gary narra paso a paso la conquista de un gran sueño y los precios que debes pagar si estás dispuesto a conquistarlo.

Gary Maturana comparte cómo, a través de sus vivencias y aprendizajes, las cosas no se crean desde el HACER sino desde el SER. Donde la palabra COHERENCIA deja de ser una simple palabra para convertirse en un hábito imprescindible en la vida diaria.

Gary, como jugador de rugby, nos cuenta cómo simplemente una actitud de poder genera atracción; donde el cambio sólo es posible desde la aceptación no desde la negación, porque lo que aceptas te transforma.

A través de las palabras plasmadas en este libro, Gary muestra una gran sensibilidad y capacidad para captar la esencia de las cosas, que es sin duda el resultado de su amplia experiencia y observación de cada detalle anticipado.

Gary nos recuerda la importancia de ponernos en acción, para ello comparte con nosotros las prácticas que, aplicadas en su vida, que le permitieron conquistar grandes logros. Es así como nos presenta oportunamente 5 habilidades que debes cultivar para llegar a objetivos trascendentales.

Conquista a tú profesor@ es un libro para leer, interiorizar en cada reflexión y poner en práctica en el día a día.

Como Directora Ejecutiva de BNI Colombia y empresaria colombiana puedo decir que todos los días afrontamos retos, imprevistos y situaciones con los que no es fácil lidiar, donde la duda es un elemento común. Y es aquí donde libros como éste inspiran y ayudan a encontrar respuestas y puntos de apoyo emocionales que facilitan la soledad a la que nos enfrentamos los empresarios.

Hacer que las cosas pasen y tener objetivos claros han representado para mí la ruta a seguir en mi camino como empresaria. Obtener resultados extraordinarios y conquistar mis más grandes deseos han sido sin duda el resultado de grandes esfuerzos.

Gracias a mi trabajo he tenido la gran suerte de conocer empresarios y líderes que, a diario, a través de sus acciones, construyen un mejor país. Siempre he creído que se necesita "un pueblo entero de gurús" para ayudar al crecimiento inminente de un país. Gracias Gary Maturana por ser miembro de BNI COLOMBIA, por ser un líder contundente, por hacer que las cosas pasen, por el gran trabajo realizado y por permitirnos disfrutar de una lectura extraordinaria.

SANDRA ALARCÓN
Directora Ejecutiva BNI COLOMBIA
CEO de XIO Computers
Sandra.alarcon@bnibogotanordeste.com

POR QUÉ ESCRIBÍ ESTE LIBRO

Me resulta muy interesante que las personas se animen a publicar escritos sobre lo que les funciona en la vida. Yo me decidí gracias al señor Marcel Verand, a quien le escuché en uno de los cursos de capacitación que dicta constantemente y quien, muy entusiasta, me animó a escribir sobre los temas que trato. Sin embargo, fue Tatiana Díaz –mi socia de vida y de quien hablaré mucho lo largo del libro– la que me inspiró a hacerlo. Todo empezó una mañana en la que los dos amanecimos enfermos. A pesar de su malestar, ella me brindó los cuidados que yo necesitaba y me sentí afortunado de contar con su presencia, pase lo que pase: es una mujer fuerte y excepcional. La situación me brindó la analogía perfecta para compartir, de una manera digerible, la información que tenía en mi mente. Por eso quiero invitarte –a ti, querido lector– no a ver cuál es el final feliz de la historia, sino a saber cómo llegamos él: quiero llevarte a un recorrido como el que hacen algunas películas, que inician en un punto cercano al final; luego regresan al pasado y nos cuentan por qué los protagonistas están ahí, qué fue todo lo que tuvieron que hacer, por qué aventuras pasaron para, finalmente, mostrarnos lo que les va a suceder en el futuro.

Los empresarios tenemos grandes ideales que deben ser gestionados todos los días para cumplir con los objetivos propuestos. Parte de ese proceso es este libro, un proceso que me ha resultado maravilloso: aquí comparto mi historia

–solamente por ser el ejemplo más cercano que tengo– y explico las buenas prácticas que utilizo como sistema para la gestión de mis logros en todas las áreas... incluyendo la conquista de mi esposa, aunque esto lo haya hecho sin tanta premeditación o tanta cordura. Con este libro busco que tú, amigo lector, más que entretenerte, puedas beneficiarte con la información que quiero compartirte porque sé que te servirá para dar saltos cuánticos en tu vida. Alguna vez aprendí que las cosas se crean a partir del ser y que, con base en este, facilitan el hacer. Tras analizar mis propios resultados, encontré elementos que pueden servirte de apoyo para estar en la línea de ser –lo que es muy importante, sin duda– para que desde ella puedas hacer y, como consecuencia, alcanzar un tener sostenible.

QUIÉN SOY Y POR QUÉ ESCUCHARME

Mi nombre –como ya lo sabes– es Gary Maturana; me gradué como ingeniero ambiental en 2010; me dedico a hacer mentorías en capitalización con criptomonedas y, sí, conquisté a mi profesora. El hacerlo fue alcanzar una fantasía de los seres humanos… si no de todos, por lo menos de una enorme mayoría: la de tener una relación con quien nos gusta sinceramente. Esa persona puede ser algún docente, un directivo, una figura de autoridad, el pariente de un amigo, un líder: si la persona te mueve las fibras más internas de tu ser es porque cautiva tu atención, la admiras y la respetas: no hay nada más hermoso y reconfortante que hacer realidad esa fantasía. En mi caso, mi profesora cumplía con todos los requisitos. Por eso quiero contarte mi historia, hablarte de quién es Tatiana Díaz y analizar contigo cómo la conquisté, cómo hemos logrado que nuestra perdure o –hablando en términos empresariales– cómo la hemos hecho sostenible.

En el momento en que escribo estas líneas, Tatiana y yo estamos a unos meses de completar el noveno año de nuestra relación y el quinto de matrimonio; creo que se llaman bodas de madera. Durante este tiempo hemos superado los retos y altibajos normales que traen la convivencia, la relación con las familias de cada uno y los desafíos de las situaciones de la cotidianidad. Hemos logrado darles una nueva dirección nuestras actividades profesionales para ser trabajadores independientes: somos líderes en el mundo de la cripto-economía y Tatiana lo ha asumido con tanto profesionalismo, que ya es autora de un best seller... y está planeando la versión impresa; también buscamos viajar por el mundo, conocer gente increíble, apoyarnos mutuamente para sacar adelante nuestros proyectos, darnos algunos lujos y, lo que es más importante que todo, servir a miles de personas.

Hoy, cuando redacto estas líneas, hago realidad mi deseo de compartir contigo lo que ha funcionado para mí. Lo único especial que tengo es que encontré la fórmula para alcanzar mis metas y que esa fórmula puede ser útil para ti. Porque sé que tenemos mucho en común –deseos, talentos, objetivos– y quiero que también alcances tus sueños. Por eso te invito a que te animes a probar mis recomendaciones, nunca sobra la visión de alguien que se siente realizado: y es posible el día de mañana, quién quita, tú también compartas lo que te funciona para que todos sigamos aprendiendo, para que todos sigamos creciendo.

ÍNDICE

DEDICATORIA 5
AGRADECIMIENTO 7
TESTIMONIOS 9
PRÓLOGO 11
POR QUÉ ESCRIBÍ ESTE LIBRO 13
QUIÉN SOY Y POR QUÉ ESCUCHARME 15
INTRODUCCIÓN 1
CAPÍTULO 1: CÓMO CONQUISTE A MI PROFESORA 5
CAPÍTULO 2: QUÉ ES A, E, I, O, U 21
CAPÍTULO 3: #atrayendo7 23
CAPÍTULO 4: #escuchando7 33
CAPÍTULO 5: #invitando7 41
CAPÍTULO 6: #ofreciendo7 47
CAPÍTULO 7: #uniendo7 53
CAPÍTULO 8: MI PROFESORA TE SALUDA 59
#Sustainablementor 63
ACERCA DEL AUTOR 65
CONTACTA CON GARY MATURANA COMO CONFERENCISTA 67
SMART TEAM OFICIAL 69

INTRODUCCIÓN

Con este libro, mi promesa es que compartiré cinco habilidades que debes cultivar para alcanzar objetivos trascendentales. Como mi punto de partida será contarte la historia de cómo conquisté a mi esposa, soy consciente de –seguramente– estar generando expectativas muy altas. Pero de eso se trata esta locura en la que tú ahora también estás metido, por el simple hecho de estar leyéndola.

Tatiana Díaz –mi gran Taty– además de ser una esposa amorosa, ha sido mi cómplice durante los nueve años de alegría que he vivido a su lado: todo el tiempo tiene detalles tan increíbles, tan especiales, que con solo pensarlos me hacen quebrar el habla; y es tan amplia su bondad, que me ha permitido compartir con otros lo que tenemos, nuestras esperanzas y nuestros sueños.

Pero al principio no fue así: cuando yo solo era su estudiante en la Universidad, pasaba casi desapercibido. Ella, por el contrario, era exitosa y salía con hombres de un perfil muy diferente al mío: mayores que yo y autosuficientes, económicamente hablando. Yo moría por hacer que notara mi presencia más allá de las evaluaciones académicas. Antes de decidirme a invitarla a salir por primera vez, en mi cabeza cohabitaban el sueño de estar con ella y la sensación estúpida de que eso jamás sucedería. ¡Y qué equivocado estaba...: la resignación no es buena compañera!

Algunos podrán decir que una relación no tiene tanto valor como para justificar que le cambia a uno la vida. Me acuerdo de que –por allá en las épocas de colegio– nuestros padres nos exigían (especialmente a las niñas) que nos enfocáramos en el estudio y no perdiéramos el tiempo buscando amores por las esquinas. En contraste, también recuerdo a los profesores de historia que nos contaban de amores tan grandes y tan maravillosos que había cambiado el rumbo de naciones. Hoy yo puedo decir que una relación de amor es tan importante como cualquier otro logro en nuestras vidas.

Como ingeniero ambiental aprendí a entender el concepto de sostenibilidad como la forma de alcanzar el mayor beneficio generando el menor daño posible en el ecosistema. Sin embargo, mientras buscaba sostenibilidad para algunos proyectos, mi vida carecía de ella. Entonces hice un alto, entendí la situación, respiré profundo y me lancé a la aventura de descubrir que la sostenibilidad en nuestra vida debe provenir de las personas, que debemos comportarnos de acuerdo con lo que queremos tener o lo que queremos que se expanda. En otras palabras, entendí que la coherencia es vital y que todo se replica con el ejemplo.

GARY MATURANA

En ese proceso, el señor Daniel Castro me explicó siete indicadores que nos ayudan a revisar si la vida que llevamos nos está siendo sostenible. En ellos están incluidos los tres más buscados por la sociedad: salud, dinero y amor; los otros cuatro son los motores que hacen que todo pueda llegar: adaptabilidad, servicio, felicidad y paz. Vale la pena que hagas un análisis de las definiciones personales que tienes para estos conceptos. Y, por lo pronto, vamos a revisar las cinco habilidades que se deben tener en cuenta para emprender alguna acción que busque un objetivo en cualquier área: atracción, escucha, invitación, oferta y unión. Si te fijas bien, verás que están ordenadas según las vocales: A, E, I, O, U. Y, en honor al orden, más adelante te hablaré en detalle de cada una de ellas.

La idea es que comprendas muchas cosas que te suceden actualmente: haciéndolo confío en que vas a poder añadir valiosas prácticas al día a día de tu vida personal y al de tu negocio. Si hay un tema en el índice que te llama más la atención, puedes ir directamente a él: al fin y al cabo, este libro es una invitación a la eficiencia. Te recalco, amigo lector que mi objetivo con esta obra es llamar tu atención – y la de personas como tú– por tu gran visión y curiosidad. ¡Bienvenido a bordo y disfruta como quieres, que este también es tu libro!

CAPÍTULO 1: CÓMO CONQUISTÉ A MI PROFESORA

Un día llegó la profesora al aula de clases y dijo:
– *Buenos días. Mi nombre es Tatiana Díaz. Seré su profesora de control ambiental de procesos.*

No sé qué más dijo durante los siguientes minutos, supongo que debió decir muchas cosas interesantes porque a eso había ido. Pero yo estaba paralizado, obnubilado: su voz sonaba de esa manera tan hermosa que, aún hoy, me fascina. Algo me preguntó y, aunque no sé qué respondí, su pregunta me hizo volver a la realidad para embelesarme con su profesionalismo. Yo ya había visto a Taty caminar por la universidad, ya había preguntado por ella e, incluso, creo que ya sabía que era docente. Y ahora que la había oído, así, tan cerca, estaba absoluta y totalmente enamorado de ella. No fue amor a primera vista: fue amor a primera oída.

A partir de ese momento yo ya sabía a quién iba a amar para siempre. La pregunta era cómo lograr que mi profesora se interesara en mí. El único camino posible era el de enfocarme con gran atención en su clases. Suena sencillo, pero no lo era: para ganar algo de dinero extra, yo trabajaba de noche en la parte logística de algunos bares de la Zona T

—una prestigiosa zona de restaurantes y bares en Bogotá— y madrugar a clase era complicado —a veces imposible— pues siempre estaba trasnochado. Pero el aliciente de ver a la profesora Tatiana, era más fuerte que el cansancio.

En sus clases, prestar atención no solo me permitía salir bien librado de las temidas pasadas al tablero, sino encontrar información interesante; y, al terminar, era la excusa perfecta para hablar con mi futura Taty. Así logré saber algo más de ella: por ejemplo, que le había gustado la película "Paraíso Travel" y que le encantaba la música de Fonseca que estaba en la banda sonora: instintivamente compré la película y escuché muchas veces todas las canciones de Fonseca. En otra ocasión me dijo algo en inglés; yo le respondí también en inglés y, de ahí en adelante, tuve con ella un espacio privado que los demás alumnos no se atrevían a irrespetar.

Así, poco a poco, logré acercarme a Tatiana: mi objetivo era posicionarme, hacerme notar, entenderla, saber de ella todo lo que más pudiera. Un día logré que me dijera dónde vivía y, a partir de ese momento, me dediqué a pasar frente a su edificio, mirándolo con cariño infinito, esperando que ella saliera por cualquier motivo —o que entrara— y se encontrara casualmente conmigo. El encuentro casual nunca sucedió, pero yo, por mi parte, hice todo lo que estaba en mis manos para que ocurriera.

Un día, un grupo de estudiantes –y Tatiana, como docente– regresábamos de una salida de campo a Sopó, un municipio que está a una hora de Bogotá; como era la costumbre, a escondidas compramos algo de licor para alegrar el ambiente en el bus. Al son de los tragos, yo me llené de valor, les ofrecí uno a la profe y a su acompañante: sabía que si aceptaban, serían cómplices en la parranda; pero si se negaban, sería una situación muy incómoda que podría dañar la imagen que yo me había esforzado por construir. Por suerte, los dos aceptaron, aunque Tatiana no toleraba mucho el alcohol y bebía poco. Cuando me estaba bajando del bus en la parada que me quedaba más práctica para ir a mi casa, la profesora Tatiana me dejó notar que no le gustaba que lo hiciera: fue una reacción tan repentina y sorpresiva, que me ganó la timidez y me fui a casa lamentándome por no haber aprovechado la oportunidad de invitarla a seguir la rumba en otro lado. Con fervor me prometí que eso no me volvería a suceder.

Aunque cada vez me sentía más cercano a Taty y con frecuencia hablábamos de temas no relacionados con la Universidad, nunca le pregunté si tenía novio: me parecía que esa era una pregunta demasiado personal y muy poco prudente. Yo, por mi parte, estaba saliendo con una chica y me sentía comprometido con ella; pero, también era consciente de que le era infiel...: bueno, solo de pensamiento, pues mi relación con la profe era completamente platónica. Cuando estábamos en plenas evaluaciones del semestre, la situación con mi novia cambió de manera tajante: justo antes de entrar a sustentar mi trabajo final me dieron la noticia de que ella tenía una relación paralela, de que el otro no era un amante, sino de que el amante era yo; y la noticia –debo confesar– era solo la confirmación de unos cachos que yo ya le había perdonado. A la presentación del trabajo llegué devastado, desconcentrado y triste. La profesora Tatiana se dio cuenta de mi estado, pensé que se había conmovido y que lo tendría en cuenta. Pero no fue así: como calificación final me puso un implacable 3.8. ¡Casi terminó con lo que me quedaba de orgullo, je, je, je, je…!

Como en alguna otra ocasión había escuchado que a Tatiana la gustaba la pizza de un negocio llamado 1969, ideé una salida a comer allá al final del curso. Lo conversé con un amigo del trabajo y él me indicó dónde quedaba la sede más práctica para nosotros. A pesar de que nunca se materializó el plan con el grupo de estudiantes, esa fue información que me sirvió más adelante.

Ahora llegó el turno de hablarte de mi gran amiga Lina, una de las mejores: nos conocimos en la Universidad y desde entonces ha estado presente en mi vida, ha hecho cosas muy especiales por mí, particularmente en tres momentos. Uno de ellos sucedió durante el semestre siguiente al que terminó en lágrimas. Iba a haber una salida de campo a la Sierra Nevada de Güicán. Lina no quería ir y yo insistía en convencerla de que fuera, pero ella no tenía el dinero para ir al viaje: para bajar costos, le ofrecí pagar una parte de lo suyo e irnos en mi moto y acampar; pero como no se sentía cómoda, no se dejó convencer. Entonces me fui con los demás compañeros en el bus que se había contratado. Aunque fue doloroso dejar a Lina, en el viaje hubo sus compensaciones: por un lado, el trayecto fue más tranquilo porque no tuve que manejar y pude enrumbarme con el grupo; y por el otro, ¡me encontré con Tatiana, quien había ido a la práctica con una prima suya! Y esta vez ella no iba como figura de autoridad a cargo del grupo, sino como acompañante de la salida. Si Lina hubiera aceptado mi propuesta, yo no hubiera podido estar con Taty: y eso se lo agradezco de todo corazón.

Como había descuadrado mi presupuesto comprando algo de licor pensando que tenía suficiente, no pude quedarme en un cuarto del hotel y tuve que acampar; y como tampoco me alcanzó para rentar un caballo, me vi forzado a hacer los trayectos a pie. Fue duro, pero me sirvió para estar pendiente y cuidar de la profe Tatiana durante todo el viaje. Recuerdo que en un punto los caminantes alcanzamos a los jinetes: el guía les estaba dando las instrucciones necesarias para bajar por una cuesta muy difícil por lo inclinada que era. Me alegré de ir a pie, pero no logré disfrutarlo mucho. Una voz melodiosa me habló temblando:
– *¡Gary...! ¿Podrías bajar tú en el caballo por mí...? ¡Por favor...!*

GARY MATURANA

– *¡Claro que sí, profe...: nos vemos abajo!* –contesté sin dudarlo y me repetí, en voz muy baja, un dicho que escuché en algún curso que había tomado: "Bruto, pero decidido".

Pude haber muerto por no haber atendido al 100% de las indicaciones del guía: yo no había entendido una sola palabra de ellas por estar pendiente de la pendiente. Yo no bajé al caballo: el caballo me bajó a mí. Pero lo que se vio fue que yo había cumplido con la misión asignada; y todo pareció tan sencillo, que Tatiana debió pensar que ella me había ahorrado la caminada.

Esa noche me di una pasada por la habitación de la profe Tatiana y de su prima. Nos tomamos unos tragos y, de pronto, estábamos los tres acostados en la cama, yo entre las dos mujeres –no sé cómo, debo ser sincero– charlando y riéndonos a carcajadas del caballo y de la cuesta, de esta vida y de la otra, hasta cuando nos llamaron a cenar. El resto del viaje fue tan maravilloso como esa noche: y lo que es más importante, empecé –por fin– a sentir una cercanía especial con mi fantasía.

Los días siguientes, sin embargo, fueron devastadores. Sentía a la profe otra vez distante, había regresado al pedestal de los docentes. Lina notó mi precario estado de ánimo e intervino: ese fue el segundo momento en que lo hizo para cambiar mi vida.
– *¿Qué tienes, Gary?*

- Me siento solo.
- Y en vez de estar quejándote, ¿por qué no buscas a alguien que te acompañe...? ¿Quién es la mujer que más te gusta?
- ¡La que más me gusta es inalcanzable!
- Dime quién es.
- ¡La profesora Tatiana...! ¿Ahora ves por qué te digo que es un imposible?
- ¡Aterriza, Gary...! Tú eres hombre, ella es mujer, los dos son heterosexuales: tienes más cosas a tu favor que muchas de las parejas que conozco.
- Pero si ni siquiera me paran bolas las mujeres que me rodean, no veo por qué lo haría la profesora Tatiana...
- Justo por eso: si la estrategia con las que te rodean no ha funcionado, es hora de cambiar de estrategia. Tu error no es apuntar muy alto sin éxito: tu error es apuntar bajo para que el éxito sea fácil.
- No te entiendo, Lina...
- ¡Que lu cortejes, Gary...: que le caigas, anímate...: no pierdes nada con intentarlo...: cáele, cáele, cáele...!

Las palabras de Lina me retumbaron en los oídos durante toda la noche. Su argumento era sólido y contundente. Lo peor que me podría pasar era que Tatiana me dijera que no y el "no" ya lo tenía: esa respuesta no cambiaría para nada mi vida. Pero si decía que sí, el asunto sería diferente... Lina me retó a pensar como empresario. Entendí que cortejar a Tatiana, en términos de empresa, era un emprendimiento. Es importante estar rodeado de personas que crean en tu éxito; y es vital que tú mismo creas en él, así estés solo. Esto se llama contexto, master mind o mentoría; y te permite tener un diálogo interno que te empodera, aunque parezcas ir en otro rumbo.

Yo, apresuradamente, había catalogado mis intentos de acercarme a Tatiana como un fracaso y te diré por qué. Algunos meses después de la salida de campo a Güicán, la había invitado a salir usando una técnica súper indirecta, como diría Erick Worre, un líder en la Profesión del Mercadeo en Red por más de 25 años. Empecé por felicitarla por su cumpleaños; luego la invité a salir diciéndole que entendía que, después de los 32 años de edad, salir es una costumbre que merma. A ella le pareció que la estaba retando, pues solo tenía 26: y, para demostrarme lo equivocado que estaba, aceptó la invitación y acordamos vernos al día siguiente, después de que ella terminara de trabajar. Aquí resalto un acierto que tuve: me mostré muy paciente con ella porque sabía que un hombre intenso no resulta atractivo; si no mantenía mi compostura, ella se hubiera dado cuenta de lo necesitado que estaba. Bien lo dice el dicho: "Quien muestra el hambre, no come".

Por mis horarios de clases, yo me desocupaba hacia la una o dos de la tarde; y, como tenía sueldo de estudiante y no podía gastar mucho dinero, decidí entrar al gimnasio de la Universidad e ir de tres o cuatro de la tarde hasta las siete de la noche, justo antes de que Tatiana terminara su jornada a las ocho. Después de mi primera sesión de ejercicios la llamé emocionado para verme con ella, tal como habíamos quedado con anterioridad: me contestó que le había rendido en el trabajo, que había salido temprano porque se le había olvidado nuestra cita. Aunque eso me entristeció, le propuse que nos viéramos algún día de la semana siguiente.

Al día siguiente no pude quedarme en la Universidad porque en casa me pidieron que hiciera algunas diligencias administrativas: el nuevo plan era hacerlas lo más rápido posible y recoger a Tatiana cuando ella saliera del trabajo. Pero me tocó correr porque Taty, en repetidas ocasiones, me llamó a decirme que me apurara porque justo ese día también saldría temprano. Cuando nos encontramos, me comentó que estaba enojada con su mamá y que quería que hiciéramos algo que le permitiera distraerse. La llevé a tomar cerveza a un bar al que acostumbraba a ir con mis compañeros cuando teníamos algún dinero extra: era un lugar costoso, pero valía la pena ir porque Taty se lo merecía. ¡Yo me sentía en la gloria, no podía creerlo...: estaba compartiendo con mi amor platónico en el bar, conversando, bromeando, escuchando música de la vieja guardia, acercándomele cada vez más! ¡Ahora su voz no era lo único que me fascinaba: también lo hacían sus ojos, su respiración, su boca y –por fin– sus besos, tan anhelados...! Al salir del bar, cuando estábamos esperando transporte, me invitó a compartir el taxi hasta su casa...: a mí se me fueron las palabras y la respiración; no acepté porque no tenía dinero suficiente. ¡Cuántos dilemas me traía el amor alcanzado…! Me dormí recordando cada instante de esa noche.

No volvimos a hablar en meses, apenas nos cruzábamos de lejos en la Universidad. Insistí varias veces en llamarla, pero siempre estaba ocupada y prometía llamar cuando estuviera libre; nunca lo hizo, pensé que no volvería a hacerlo. Por mi salud mental traté de dejar de pensar en ella y tuve una relación que duró, más o menos, cinco meses. Le envié invitación a mi fiesta de grado, pero Tati nunca llegó. Trabajé para mi familia mientras intentaba ubicarme laboralmente como profesional; estudié idiomas preparándome para alguna maestría en el exterior. Y el día de mi cumpleaños, Lina –como toda una gerente de relaciones públicas– me pidió cuentas sobre la profesora Tatiana. Le conté de mi decepción y de mis temores a que la profe Tatiana no quisiera volver a verme; a que por el hecho de conocer mi atracción por ella no quisiera tenerme cerca; a que se hubiera ofendido por haberme negado a compartir el taxi la noche del bar y a que hubiera encontrado otro amor en el camino. Lina no aceptó mi sensación de fracaso y, a cambio, nuevamente me dio ánimos para que fuera perseverante. Por tercera vez Lina e ayudó en mi relación con Taty.

Y le obedecí: esa noche llamé a Taty de nuevo; me comuniqué con ella por una de las redes sociales, porque por teléfono fue imposible. Para mi sorpresa –pues no esperaba que lo recordara– me felicitó por mi cumpleaños y acordamos vernos esa misma semana. El día de la cita pedí en casa que me prestaran el carro, lo limpié tanto como pude. Después de comprar boletas para ver una película en 3D en un teatro cercano a su casa –y cuando iba camino a recogerla– me di cuenta de que ese había sido una gran equivocación. ¡Cómo se me había ocurrido elegir una película de terror, una de esas en las que matan hasta al camarógrafo y cada uno de los espectadores queda empapado en sangre…: como si no hubieran sido suficientes los nervios que me poseían por ver a Taty otra vez!

Llegué a su casa con el corazón en la mano, cuando llegamos al teatro estaba bañado en sudor. Se apagaron las luces, comenzó la película y empezó, también, la sangría. De repente, sucedió lo inesperado: con la primera decapitación, Taty saltó en la silla y se aferró a mí, se escondió entre mis brazos. Y a mí se me acabó la concentración: aunque creo que mataron como a noventa y únicamente se salvó el protagonista, yo solo pensaba en que si el abrazo que le estaba dando a Taty se iba a convertir en algo más.

Al terminar la película fuimos a tomarnos un café: yo no quería licor porque debía conducir, pedimos dos capuchinos. Charlamos como lo hacíamos antes, nos reímos como lo hacíamos antes y a mí me dieron ganas de besarla, como siempre me sucedía. Me preguntó por qué lo hacía, le dije que me gustaba y que ella lo sabía. Volvimos a besarnos: fue cuando intuí que nuestra relación perduraría.

Unas semanas después fuimos al Chorro de Quevedo, una plazoleta histórica de Bogotá, situada en el barrio colonial de La Candelaria, donde el fundador estableció su guarnición, y en donde hoy hay bares y atractivos turísticos. En la tranquilidad de la noche nos contamos historias, reavivamos nuestra empatía y fuimos cómplices relajados. Me preguntó por mis planes futuros y le dije que estaba estudiando alemán para aplicar a una maestría en ese país. No le gustó mucho la idea de mi viaje y propuso que, entonces, solo nos acompañáramos, que solo saliéramos sin compromiso; y, para disimular su contrariedad, agregó con humor que si lo que yo quería era viajar, estaba con la persona ideal, con la que me daría suerte, pues dos de sus ex novios estaban en Canadá y Chile.

Por esa época nos veíamos con poca frecuencia. Me propuse ponerla a prueba esperando que ella fuera quien llamara, pero quien siempre terminaba haciéndolo era yo. Yo no sabía si Taty se estaba haciendo la difícil o si, de acuerdo con lo que habíamos hablado, estaba tomando la relación como solo una amistad bonita, no muy especial. Mi ansiedad era enorme, incluso cuando estaba con ella. Recuerdo un día que me hizo seguir a su apartamento: tenía que buscar algo y yo la esperé en la sala; su mamá apareció, la saludé escuetamente –porque no estaba preparado para conocerla– y rechacé el tinto que me ofreció. Si tú, amigo lector, no estás familiarizado con las normas de etiqueta bogotana, debes saber que no aceptar un café es una de las peores ofensas que se pueden hacer: no importa si acabas de tomarte una taza o si ya te has tomado cuarenta; no importa si es por la mañana o si tomar café después de las cuatro de la tarde te causa insomnio; tampoco importa si sufres de ansiedad: jamás puedes rechazar un tinto. Como yo lo hice sin pensarlo, quedé como un prepotente y un maleducado. Y se lo hizo saber a Tati: mi relación con mi futura suegra había empezado con el pie equivocado.

A pesar de su madre, insistí en salir con Tati; empezó a llamarme un poco más. Me di cuenta de que a donde llegaba era el centro de atención y de que el mundo entero disfrutaba con su presencia, tanto como yo lo hacía. En la Universidad era la profesora más popular entre los alumnos y entre los profesores, la más admirada; cuando la llevé a una reunión de mi grupo de scouts, terminaron invitándola a una excursión que estaban preparando; cuando se la presenté a mis padres, decidieron adoptarla como a una hija verdadera; mis amigos la incluían en todos los planes, por sencillos que fueran. Y, así, el 25 de diciembre del 2010, fuimos invitados a almorzar en casa de Edward Yáñez. Taty estaba radiante y yo, absolutamente feliz; todos celebrábamos con un asado exquisito en un lugar magnífico.

Con la efusividad de un brindis la abracé y ella –para mi gran sorpresa– me dijo:
– *¡Te quiero, Gary!*
– *¡Yo también te quiero, Taty...!* –le dije después de un silencio en el que ella reaccionaba a la sorpresa de sus propias palabras. *¡Yo te adoro!*

Aunque este día se consolidó nuestra relación, decidimos que fue el 15 de diciembre el día que comenzó. Así que actualizamos nuestras redes sociales con la noticia y empezamos a presentarnos como novios oficiales. A Lina le dimos las gracias por sus intervenciones, tan valiosas.

Durante toda esta primera etapa que te acabo de contar, Taty y yo hicimos acuerdos tácitos que serían la base de una relación que se encuentra bien consolidada. Nuestra visión común –además de la diversión– es la de ser compañeros, cómplices, socios; es la de darles afecto a nuestras familias; la de apoyarnos en todos los momentos y circunstancias, y la de extender ese apoyo a los demás.

El 14 de diciembre de 2013, en la parte alta de una montaña muy hermosa, hincado de rodillas y ofreciéndole un anillo de compromiso, le pedí que fuéramos esposos: su respuesta fue una avalancha de besos. Y un año después, el 13 de diciembre, sellamos nuestro amor para el resto de la vida en la capilla de la Universidad Nacional de Colombia, que fue donde hicimos nuestros post-grados; hicimos la recepción en el salón social del conjunto en el que yo había vivido con mi mamá y mi abuela unos años atrás; pasamos la noche de bodas en un espléndido hotel con jardines verticales y, al día siguiente, emprendimos el viaje para gozar de nuestra luna de miel en el hermosísimo departamento de Boyacá.

CAPÍTULO 2: QUÉ ES A, E, I, O, U

Normalmente cuando hablamos del A, B, C nos referimos a lo más básico. En las capacitaciones que le dicto a mi equipo SmartTeam yo hablo del A, E, I, O, U porque me siento que así puedo adentrarme un poco más en la esencia de los básico. Siempre he querido que sucedan grandes cosas en mi vida: no por avaricia, sino por ser una persona que cree en que hay suficiente para todos. Así que lo que compartiré –como ya lo anoté antes– es una serie de acciones que me han funcionado en mi relación y en vida. Mi amiga la doctora Nora Beltrán llamaría a esos logros "imposibilidades posibles".

Les prometí que en este libro tratará de cómo alcanzar objetivos de alto nivel: relaciones personales, metas financieras, cambios en el estilo de vida o de cualquier otro tipo. En todos los casos –y para fines prácticos de este libro– a esos objetivos los denominaré "tu profesor@".

Vamos, entonces, a revisar las habilidades que permitieron que todo sucediera. Muchas de estas habilidades son estudiadas a partir del enrolamiento, pues –como líder de diferentes organizaciones y como miembro de una familia– entiendo que todos los objetivos de alto nivel exigen negociar con otros. Incluso si estamos hablando de metas en deportes individuales: en ellos tienes que conciliar contigo mismo o con tu entrenador, con los dueños de los lugares de entrenamiento, con los patrocinadores o con los organizadores de competencias.

CAPÍTULO 3: #atrayendo7

Imagínate que con solo el saludo debes hacer que los demás quieran apoyarte en tus objetivos. Eso fue lo que me sucedió a mí con Taty: solamente con verla y escucharla durante unos minutos, ya se había generado en mí el objetivo de estar en su vida a pesar de que pareciera un imposible. Eso es lo que yo llamo atracción; después de que leas las palabras de quien ahora es una de mis mentoras en el tema, la doctora Nora Beltrán, te compartiré lo que creo que me ha servido para incrementar mis habilidades en esta área.

La certeza en lo invisible

El poder del individuo autoconsciente permite que la voz de la certeza en lo invisible se manifieste. ¿De dónde proviene? Algunos dicen que de tu acervo de conocimientos, de tus propias percepciones; otros, que de la conexión profunda con tu alma, con tu íntimo, con tu centro; otros afirman que tu Dios te habla en susurros; de donde sea que venga, prepárate, estate dispuesto, atento, agradecido, confiado, en calma. La certeza en lo invisible es tan sutil, que resulta fácil omitirla; y es tan transparente y sonora, que resulta imposible no escucharla.

Ph.D. Nora Beltrán
Doctora en Comportamiento Humano
Creadora e instructora del programa Lectura de Alto Rendimiento, LAR.
Conferencista y empresaria.

Hace un tiempo, en alguna ocasión, a Marco Leone –un reconocido coach argentino, fundador de Aprendizaje Para El Cambio (APC)– le escuché decir que los cambios en la vida operan como cuando se interpreta un instrumento musical: se da un golpe en un lado: este genera una vibración que hace que los sonidos se expandan por otro lado. He pasado por cosas realmente increíbles en mi vida; para no hacer una lista interminable, solo te mencionaré algunas: he aumentado mi nivel de ingresos; me casé con mi profesora; he podido descansar en lugares hermosos y he compartido con personas tan extraordinarias, que para mí tienen el nivel de una estrella de cine. Yo le atribuyo el haber podido alcanzar muchos de estos logros a que hice cambios en mi manera de pensar y a que adquirí nueva información gracias a haber confiado en quienes han tenido resultados.

Tal vez pueda resultarte difícil de creer si te digo que, en un par de ocasiones, mi esposa y yo hemos doblado –con el cuello– varillas de las que se usan para construcción y hemos estado en piscinas de hielo; también hemos caminado sobre fuego y sobre pedazos de vidrio; alguna vez rompimos una tabla maciza como lo hacen los artistas marciales; hemos leído libros al revés, libros escritos en idiomas que no hablamos, y hemos aumentado enormemente nuestra capacidad de percibir en el momento de buscar algo. Y no lo hemos hecho por tener poderes sobrenaturales: lo hemos logrado por habernos permitido la certeza en lo que buscamos; por habernos llenado de pasión; por habernos dejado acompañar de quienes saben. Todos estos factores generan esa vibración positiva –como la musical– que repercute en el mundo de los entrenamientos de las actividades de alto impacto y que, en el mundo real, tiene como respuesta una vida llena de disfrute. Y eso nos llena de orgullo y satisfacción.

Considero la atracción como la principal habilidad para sembrar los grandes resultados de lo que hablo en este libro. Tengo claro que los objetivos de alto nivel requieren de personas que defiendan la causa en la que se enfocan; el mejor truco para no pelear contra la corriente es el de atraer con empatía y liderazgo, y demostrando confiabilidad. Te contaré un poco sobre las informaciones que me han resultado fundamentales para desarrollar esta habilidad.

Actualmente ha habido un auge muy notorio que antes no se había visto: el de las marcas personales. Muchos se están enfocando en el desarrollo de identidades gráficas y de argumentos de venta que, a pesar de los esfuerzos, no los conducen a ninguna posición destacada. Por el contrario, los hacen ser aún más comunes, más del montón, porque parten del hacer y no del ser, que es donde están las bases de cualquier distinción.
Del allí parte la sostenibilidad de mi relación. Se creó de forma genuina con base en el ser: de saber lo que buscaba, de aprender las lecciones que relaciones anteriores me habían dejado, y de poder estructurar acuerdos eficientes que sirvieran de cimientos para mi mundo en común con Taty.

¿Cómo me debo mostrar?

Puede ser complejo diferenciar la tenue línea que divide el dar lo mejor de uno y el fingir hacerlo. Recuerdo mucho la película "Hitch: especialista en seducción", del director estadounidense Andy Tennant. Hitch, personificado por Will Smith, entrena a otros hombres en el arte de tener la cita perfecta con la mujer de sus sueños. Mientras asesora a su cliente Albert a conquistar a la famosa Allegra Cole, él se enamora de una periodista. En algún momento Allegra habla con Hitch y le pregunta si él le dijo a Albert que bailara de forma graciosa, que botara el inhalador que carga para todos lados, y varias cosas más que Hitch le había prohibido expresamente. La situación es memorable. Y Hitch se da cuenta de que no hay ninguna regla general para conquistar.

Vibrar desde tu ser es la base para que todo pueda suceder. En YouTube hay un video interesante que me gusta mostrar en mis charlas: unos metrónomos llegan a la sincronía a pesar de haber empezado sus movimientos en diferentes momentos. Con este ejemplo puedo mostrar que todo llega a la armonía, que algunas veces somos pocos los que empezamos al tiempo, que otros se nos van sumando en el camino y que, al final, se estable un contexto común.

¿Dónde encuentro lo más valioso que tengo?

Hace poco hablaba con Nathalia Barón sobre prosperidad, uno de los temas en los que entrena y en los que tiene excelentes tips. Sus palabras que me hicieron reflexionar y que me han permitido ver que las personas, cuando tienen una meta, normalmente tienden a ver hacia el exterior sin ser conscientes de que ellos dominan la zona TOP: el punto donde todo debe nacer y, al mismo tiempo, donde se puede entender qué batallas no se deberían dar.

El nombre de la zona **TOP** es una sigla. La **T** proviene de **Talento**: es decir, de todo aquello para lo que eres bueno, ya sea porque es inherente a ti o porque has aprendido a desarrollarlo. La doctora Nora Beltrán explica que gracias a la plasticidad que tiene tu cerebro, te es posible lograr ser talentoso en lo que se te ocurra; sin embargo, es mejor que revises las fortalezas de tu cerebro para que entiendas por qué unas cosas se te facilitan más que otras y, así –de acuerdo a mi amiga Samile Albarracín– puedas aprovechar tu zona de eficiencia.

La **O** proviene de **Oportunidad**. El que puedas ser bueno haciendo algo, no te asegura que el mercado esté preparado para comprártelo. Hace poco escuché un stand-up commedy en la que el humorista explicaba que en un apocalipsis zombie, nadie gritaría "¡Salven al comediante!". Se necesitarían habilidades más alineadas con las circunstancias que la de hacer reír a la gente, como de construcción, enfermería o manejo de armas. Eso me permitió ir más allá que a cualquier otro espectador: me demostró que uno debe apelar a los talentos que se ajusten más a las necesidades del mercado. Incluso es posible que –aunque disfrutes al máximo lo que haces– tengas que hacer algunas tareas que te disgusten o que haya circunstancias que te resulten tediosas; por ejemplo, a muchos profesionales les encanta el oficio específico de su especialidad, pero detestan hacer informes, asistir a comités o dar servicio post-venta. Visto de otra manera –como lo explica Daniel Castro– todo lo que te molesta tiene relación con lo que viniste a aprender en esta vida; normalmente, el destino está ligado con aquello con lo que percibes ingresos económicos. En esta parte, la tarea es revisar en qué actividades has obtenido los mejores resultados financieros; en dónde es mejor valorado tu trabajo; y en saber hasta cuándo puedes estar en esa línea para ver que aparezca otra que te genere mejores dividendos.

La **P** proviene de **Pasión**. Es lo que te sale del alma, lo que podrías hacer sin que te pagaran; lo que podrías pagar por hacer, lo que harías estando enfermo, con o sin dinero. Tu profesor@ debe estar alineado en esta zona. En mi caso, yo tenía talentos que Taty admiraba y de los que sabrás más en el capítulo escrito por ella; yo tenía la oportunidad de estar con ella aunque –a veces por orgullo, a veces por miedo a preguntar– estuve a punto de perderla. Pero sé que fue tan apasionante lo que sucedió, que por ella por podría madrugar indefinidamente, podría gastar mi sueldo sin reparos, y hablar días y días sobre ella.

¿Cómo soltar el pasado y el futuro?

Una vez que has reconocido tu esencia –o, por darle otro apelativo, tu propósito en esta vida– y te pones en función de avanzar, es importante que asumas un rol de responsabilidad, tanto en los momentos en que logras resultados satisfactorios como en los que no. Ya te conté que una parte de mí estaba resignada a no poder tener jamás una relación con mi profesora por considerarla un amor platónico. Fue entonces cuando descubrí la importancia del contexto y de tener un buen coach o mentor que te guíe.

Me he dado cuenta de que la diferencia que tienen las personas que logran sus propósitos de las que no, es su manera de pensar. Por eso te comparto esta idea:

Un emprendedor solo será un empresario exitoso cuando logre pensar y comportarse como empresario; un empresario siempre será exitoso al emprender.

El punto es que no puedes ser un empresario si te consideras una víctima, si te sientes diferente, o crees que los resultados que obtienes es lo que te define y no tus acciones. En mi historia, yo sentía que no tenía ninguna oportunidad. Hubo momentos en los que sentí que el hecho de haberle dado un beso a Taty era una desventaja en mi contra; si lo hubiera analizado desde el punto de vista empresarial, hubiera visto más rápidamente que, por el contrario, era una ventaja competitiva, pues ya había dado el primer paso para acercarme a ella.

Mis años como jugador de rugby me enseñaron algo frente al juez que aplica para todos los aspectos de la vida: si hay algo que piensas que está en tu contra y que no te corresponde tener, debes darte cuenta de que no eres el único jugador al que le está pasando; debes partir de que todo el equipo está haciendo lo mejor que se puede hacer; debes callar, concentrarte y hacer tu parte para poder seguir adelante. Los rugbiers tenemos la ventaja de que no podemos pensar si una acción era o no era la adecuada: simplemente vemos lo que dice el juez y nos ponemos en modo de avance o en modo de defensa al ver su decisión. Esa es una actitud de poder y genera mucha mayor atracción que una actitud de queja y de lamento.

GARY MATURANA

Visión y fe

Nada más atractivo que estar seguro de lo que ofreces, de lo que buscas y de demostrarles a las personas de lo que eres capaz. A veces puede resultarte difícil creer en ti mismo. Pero no te preocupes: a todos nos puede suceder que se nos nuble la visión y no sepamos qué hacer. Es en esos momentos en los que debes enfocarte en aún más trabajar duro para poder acercarte a tu profesor@.

A través de los años me he convertido en el tipo de personas que cree en el todo por el todo. No solo me arriesgué a pasar muchos malos ratos en la universidad cuando me lancé a darle un beso a la profe Tatiana sin imaginar las consecuencias; también me arriesgué cuando la ayudé a pasar el trayecto complicado en el caballo, el de la pendiente peligrosa; me arriesgué cuando le propuse matrimonio sin tener una fuente estable de ingresos –aunque no lo incluí en la historia, constantemente hablo de ello en mis charlas; y también me arriesgué cuando solté mi fuente de ingresos para construir una nueva. Creo que esa conducta –y mi compromiso con mis propios objetivos– hacen que Taty sienta confianza en las cosas que le vaticino van a pasar.

Para ser atractivo y obtener logros de alto nivel, debes convertirte en el tipo de personas que ya ha alcanzado el resultado que buscó en la vida. En mi caso particular, yo debía dejar de ser dubitativo frente a Taty y convertirme en un hombre firme y fuerte, capaz de estar presente y de darle mi apoyo en los momentos importantes. Lo valioso de tener tu profesor@ que te marque un hito a alcanzar es la persona en que la que te conviertes durante la búsqueda de ese objetivo. En resumen, si quieres lograr objetivos de alto nivel y que, al mismo tiempo, sean sostenibles, debes gestionarlos desde el ser. Resulta supremamente valioso que permitas que tu esencia brille, que te adaptes a las circunstancias, que tengas una visión clara de lo que persigues, que tenga fe y entrega, que asumas las consecuencias y disfrutes del proceso; algo como lo que afirmó Cavafis: más que llegar a Ítaca, lo importante es la travesía hasta allá.

A continuación te indicaré algunas actividades útiles que te ayudarán a construir tu habilidad de la atracción.

Ya sabes que es muy útil conseguir un profesor@ para tu proceso. Ese profesor debe generarte un gran impacto, debe cambiar tu vida y mejorarte como persona. Ojalá consiguieras un profesor@ por cada uno de los indicadores de Salud, Dinero, Amor, Adaptabilidad –que, para algunos puede ser el área espiritual– felicidad, servicio y Paz. Tu profesor@ te permitirá estar preparado para afrontar los contratiempos que se te van a presentar porque van a ser desafiantes e importantes.

Te invito a que, cada vez que elijas cuál es el profesor@ que quieres conquistar, publiques en tus redes sociales una frase o una imagen y las referencies con el hashtag #atrayendo7 para que nos permitas ver lo que estás haciendo. Las frases o imágenes que utilices te ayudarán a fijar tu objetivo: es a lo que me refería cuando te hablé del poder de la fe y de la visión; cuando te hablé del contexto, lo hice pensando en las personas que te rodean: nosotros seremos ese contexto, seremos lo que mi amiga Lina fue para mí; creeremos fuertemente en ti, te daremos consejos y conexiones, si están a nuestro alcance. ¡Así que anímate! Debes dar lo mejor de tu parte, alcances o no tu conquista. Es importante que seas diligente sin llegar a ser intenso o necio: ten paciencia, todo tiene su momento.

Debes identificar y usar todas las ventajas que tienes a tu favor, y debes propulsarlas para que sean muchísimo más fuertes que tus desventajas. Todos tenemos habilidades y, si las fortalecemos, podemos crear oportunidades; si las explotamos al máximo, con pasión, construiremos un imán que atraiga profesor@s. Cuando estés usando todos tus recursos, cuando estés concentrado y dando lo mejor ti para alcanzar un objetivo de alto nivel, al hacer las publicaciones con el hashtag #atrayendo7, no estarás haciendo solo una declaración: estarás emprendiendo una acción. También te invito a que siempre que sientas que te estás acercando a tu objetivo publiques algo, utilizando el hashtag de este capítulo, #atrayendo7, para que todos te podamos apoyar. Así como sucede en el rugby, que un partido se gana avanzando un metro a la vez como equipo, nosotros podemos convertirnos en tus coequiperos para darte nuestro respaldo.

CAPÍTULO 4: #escuchando7

Dale Carniege –un escritor estadounidense que habla de relaciones humanas y comunicación eficaz– afirma que si regañas a una persona por hacer o por dejar de hacer algo, es probable que siga con esa actitud cuanto le sea posible con el firme propósito de molestarte. Pero si, en vez de regañarla, eliges sugerirle un cambio y le muestras cómo puede hacerlo de una manera más eficaz o menos estorbosa, aumentarás exponencialmente sus posibilidades de éxito, en caso de que la persona tenga los recursos para hacerlo. Si escuchas a la persona, lograrás entender lo que quiere y encontrarás cómo sugerirle hacer el cambio que deseas para alinearla con tu interés de una manera que no implique un conflicto: no solo te conectarás a profundidad con ella, sino que podrás saber cuál es la forma correcta y cuál el momento indicado para hacerlo.

Tuve la oportunidad de encontrar elementos y personas importantes para lo que hago solamente por comentarios de colegas, por información entregada por mis clientes o proveedores e incluso por alguna noticia, comercial, o clase aun cuando no lo estaba buscando. Si eres un empresario y buscas llevar tu proyecto a otro nivel, debes convertirte en un radar para la información; debes usar todas las alternativas que tengas a mano para confirmar su veracidad.

Ing. Mauricio Galindo
Propietario de El Faro Eléctrico

A veces, nuestra mente está enfocada en lo que necesitamos, en lo que nos causa problemas, en qué decir o en lo que se debió haber hecho: esto nos nubla la capacidad de análisis y de comprensión, y nos impide ver que la respuesta que buscamos está frente a nosotros. Escuchar es una habilidad fundamental a la hora de lograr objetivos de alto nivel: a veces, hasta con poca información –si se sabe escuchar y analizar– se pueden ahorrar recursos, tiempos y trabajo, y se puede empezar a disfrutar de los beneficios con prontitud.

Durante mi período de conquista, yo siempre estuve atento a cualquier dato que la profe Tatiana soltara por ahí: lo guardaba con cuidado porque estaba interesado en ella con honestidad. Cuando dijo que le había gustado "Paraíso Travel", vi la película, revisé la banda sonora y estudié al artista para poder hablar con ella sobre un tema que le agradaba; cuando habló de las pizzas que le encantaban, busqué y conocí la fábrica en donde la producían; cuando me contó de su familia entendí la importancia que tenía para ella, le demostré mi empatía con su sentimiento y pude conectarme con Taty de una forma genuina.

Si tienes información y no sabes utilizarla en su debida proporción, te puede poner en el nivel de un acosador:

GARY MATURANA

debes estar atento para utilizarla con prudencia y no ser invasivo. He visto a colegas míos fracasar por maltratar a sus prospectos: por tener poco tacto con la información que manejan de ellos –como, por ejemplo, decirles que no tienen dinero para el proyecto y que se dejen asesorar– no se dan cuenta de que a las personas les resulta difícil reconocer ciertas falencias, aunque sean reales. Si generas confrontación, no puedes esperar que se te vea como a un aliado: por el contrario, te van a percibir como un fanfarrón más. Ya profundizaremos más en este tema en el capítulo **#invitando7**.

Escuchar es un acto que debe realizarse con todo el cuerpo: tu actitud corporal enriquecerá con detalles la percepción que tu interlocutor va a hacerse de ti y facilitará el logro de lo que buscas. Si te es útil, busca y ten presente el olor de ese objetivo, ¿usa perfume o es su olor natural?; prueba a qué sabe, ¿es dulce, salado, picante?; averigua cómo se siente al tacto, ¿es suave, rugoso?; agudiza la vista para recordar sus formas y colores. Trata de establecer con tu objetivo un código tácito, empático, de comunicación corporal: así aumentarás tus posibilidades de éxito.

Haz preguntas, ¡se vale hacer preguntas! Si haces las correctas, si las seleccionas bien y les pones atención a los detalles de las respuestas, tendrás el camino despejado hacia tu profesor@. A mí me resultó cuando supe que a Taty le gustaba hablar en inglés y me acerqué a ella para hablar en ese idioma.

Recuerda los nombres de las personas: cuando te las presenten, repite sus nombres en voz alta para que puedas asociarlos a sus caras; llámalas por sus nombres tantas veces como te sea posible: así los fijarás en tu mente y ellas se sentirán halagadas. Es más sencillo cuando debes aprenderte el nombre de una sola persona; pero no, cuando estás conociendo un grupo. Para este, caso yo tengo un truco, pues a diario debo hablar con mucha gente que sabe quién soy yo y cómo me llamo: recordar el nombre de cada una de las personas no me es tan sencillo. Lo que busco es asociar las personas por nombres como por ejemplo cuando conozco a una Edna me acuerdo de una profesora de algebra en el colegio y de una de mis socias en el negocio por lo tanto mientras ya me es familiar lo que hago es ligarla con un grupo ya conocido.

Cuando conocí a la familia de Taty, me hice un mapa mental de quienes vivían con ella y que, por ende, le eran muy importantes: su mamá, María Helena Urrego; su abuela, María del Carmen Urrego; y su primo, Juan Ángel Urrego. Pensé que era pan comido, pues su mamá y su abuela tenían un nombre en común, que también era el de mi abuela. Sin embargo, no supe cuál era el nombre de la mamá cuando la conocí. ¿Recuerdas la anécdota del tinto, recuerdas que no generé ningún tipo de empatía con ella y que eso me originó una relación muy tensa durante los primeros años…? ¿Recuerdas que quedé como un maleducado y un descortés ante ella…? En parte se debió a que no la saludé por su nombre. Eso te demuestra –y te lo digo alejándome un poco de mi ego– que yo, como todo maestro, fui un desastre alguna vez; y que –a pesar de que aún culpe a mi esposa por haberme dejado solo en la sala aquella vez que me llevó a su casa por primera vez– era responsabilidad mía tener los todos nombres de sus familiares presentes antes de atravesar la puerta del apartamento: en vez de estar pensando a dónde llevaría a Taty, debía estar en el aquí y en el ahora, concentrado en lo inmediato.

De repente mis amigos Juan Manuel Younes y María Camila Uruzola Malo puedan darnos otros tips en cuanto a todo esto de estar presentes en el momento en el que buscamos nuestros objetivos, de la importancia y de cómo hacerlo mejor sin embargo yo te compartiré algo que me ha funcionado.

Si me conoces, posiblemente sepas que soy extrovertido; y que, por ser algo burlón, me tomo la licencia de dar nombres de cariño a las personas…: sospecho –espero– que a la mayoría no le moleste. Este es otro truco que tengo: para darles ese mote, asocio su nombre real con su rostro e, incluso, con el círculo social del que proviene, con la persona que nos presentó.

GARY MATURANA

El primo de mi profe Tatiana, Juan Ángel Urrego, siempre fue apodado Juancho en la familia. Y, como yo no quería equivocarme con él como lo había hecho con mi suegra, acuñé un nuevo apodo para él que me facilitara recordarlo. Porque tiene el cabello crespo, a "Juancho" le sumé "Rizo" y resultó una palabra muy divertida que a él también le causa gracia: "Juanchorizo".

Llamo a las personas por su diminutivo y así me ayudo a no confundir, por ejemplo, a las Alejandras con las Alexandras. En ocasiones les doy títulos empoderantes como campeón, líder, brother o papá; y, a pesar de que esta es una jugada riesgosa, puedo darme cuenta de quién es serio y distante, o empático e informal como yo: su reacción me da luces sobre la forma en que debo tratarlo para que nos llevemos bien en el trabajo. A veces esto me permite saber quién cree en la PNL (Programación Neuro-lingüística). Quienes la han estudiado y son radicales, no me dejan llamarles con diminutivos: así que a ellos los llamo por su nombre de pila o con frases empoderantes.

A todo lo que te he dicho hasta ahora puedo agregarle algo más que –aunque haya quedado en este punto– no quiere decir que no sea importante. Debes tener tranquilidad ante los errores, no angustiarte por ellos; debes aceptar que es muy probable que puedas fallar, que puedas equivocarte con el nombre de una persona, que hagas una broma que a nadie le cause gracia o que nadie entienda, que esperes un reacción de alguien y que la que llegue sea totalmente distinta. Si estás con los cinco sentidos activos, si observas con atención tu entorno, podrás ver lo que falló y entender a la otra persona para conocerla más.

En resumen: si estás atento a los detalles, te permitirás ser más eficiente; máxime, si el logro de tu objetivo de alto nivel está relacionado con otras personas, que es lo más usual. De nada sirven la escucha y la obtención de información si estas no pasan a la acción. Por eso te invito a seguir leyendo los demás capítulos: en ellos hablaremos de cómo partir de este punto para concertar las metas. También te recuerdo que, cada vez que encuentres información interesante sobre tu profesor@, puedes publicarla con el hashtag de este capítulo, #escuchando7, para que todos nos demos cuenta de tus avances, podamos apoyarte, y entre todos obtener más y más información.

CAPÍTULO 5: #invitando7

Para el día de mi matrimonio con mi profe Taty debí ser muy selectivo con quienes iba a invitar debido a que teníamos –por un lado– un presupuesto limitado y –por el otro– un enorme grupo de amigos; aún me arrepiento de haber dejado por fuera a muchas personas en aquella ocasión. A quienes sí pudimos incluir le tocó hacer un esfuerzo enorme para acompañarnos ese día: separaron el día en sus agendas, decidieron qué ropa llevar, cómo peinarse, qué regalo hacernos... Comparto esto porque en mi inicio como emprendedor no lograba que las personas llegaran a mis reuniones de negocios; a veces tampoco llegaban a las citas. Después de años de ensayo y error logré entender que debía generar para ellas un entorno que les brindara confianza y seguridad, similar al que sintieron los amigos que fueron invitados a nuestra boda.

Despertar y salir de mi zona de confort –ese estado mental de tranquilidad aparente donde la apatía, la pereza, la resignación y, sobre todo, la comodidad se apoderan de mis días– implica tener un propósito: un propósito claro y poderoso, más grande y valioso que las incomodidades y precios a pagar. Sin embargo, la mayor parte del tiempo, mi pereza mental y mis resultados están determinados porque no soy consciente de los precios que estoy pagando, de la vida que me estoy perdiendo...

GARY MATURANA

Annamaria Guerrero Pierini
Entrenadora y fundadora de Celider

Invitar de una manera efectiva es una habilidad muy cercana al logro de los objetivos. En ese proceso, no solo te sales de la zona de confort, sino que enrolas personas para hacerlo en pos de un beneficio común. La inspiración de un líder debe ser tan fuerte que las personas quieran seguirlo. Por eso te comparto a continuación algunas de las estrategias que he usado para mejorar mi habilidad de invitar.

Me ha ido notablemente mejor desde que hago parte de BNI (Business Network International), una organización de redes empresariales conformada por profesionales que se ayudan mutuamente para hacer que sus negocios crezcan; también he mejorado tras asistir a algunas conferencias de Toastmaster International, una organización que te enseña a fortalecer tus habilidades de comunicación y de liderazgo; y con los consejos de Jordan Belfort, un conocido emprendedor y conferencista, y de Jürgen Klarić, considerado uno de los diez conferencistas en marketing más influyentes del mundo.

Todo parte de ser muy específico en lo que se busca: cuanto más claro estés en tu objetivo, mejor; menos es más, dicen los sabios populares. A mí, por mi liderazgo, es usual que las personas me agreguen a sus redes sociales o me inviten a tomarme un café con ellas para, por ejemplo, enseñarme a bajar unos kilos extras: y a que aproveche para generar ingresos extra en la nueva economía mundial y bla,bla,bla. Es muy probable que esas personas –al hacer eso día y noche– generen resultados importantes en su negocio. Sin embargo, invitándome a mí, no van a conseguir nada porque ese tipo de invitaciones no me implica nada novedoso; por el contrario: me dan la impresión de que a ellas les sirve cualquier gordo para lograr su venta, no me hacen sentir especial, sino parte de la gran masa. Al hacer tu invitación, debes cerciorarte de generar un interés genuino y que tu invitado entienda por qué deseas apoyarlo; sé sutil porque una invitación directa puede ser sospechosa.

Tatiana no fue la única persona a la que invité a salir en mi vida personal. Eso también sucede en el ámbito laboral: hoy, en este punto de mi vida, agendar citas con prospectos es vital para mi negocio; es, incluso, un requisito para mí y para el grupo del cual hago parte. Si recuerdas lo que te conté de la invitación que le hice a mi profesor@, exagerando un poco de su edad, verás que fui muy contundente, poco sutil, y que a ella le interesó por su naturaleza desafiante.

Me jugué el todo por el todo al burlarme un poco de ella. Con esto no te estoy diciendo que tienes que ser como yo soy, ni que te debes comportar como yo lo hago en la conquista de un profesor@. No: tienes que ser tú mismo. Y es importante que también seas innovador y, a mi modo de ver, con las habilidades de las que te he hablado, especialmente de la escucha, construir un contexto en el que la persona no se sienta invadida, sino que –por el contrario– encuentre la posibilidad de tener un plan entretenido, de aprender algo nuevo o de vivir una experiencia diferente.

Si tu mejor cliente, el gobierno, tu competencia o alguna otra parte interesada en ti te invita a dialogar para que le cotices tus servicios para un proyecto, y la cita es a través de una video-llamada a las cuatro de la mañana porque está en otro continente, muy seguramente te levantarás con tiempo para arreglarte, quitarte la cara de sueño y verte presentable en el encuentro. Estaría genial que las personas te den a ti la cita que deseas y un excelente paso es que tu lo hagas con esa misma actitud; debes tener postura para que al presentarte ante tu profesor@ sea sencillo demostrar que tú puedes ser su mejor aliado.

Algunas veces debes tener la suficiente inteligencia emocional para que la persona que te interesa te permita acompañarla a diferentes actividades: así podrás entender si lo que tú estás buscando para tu vida funciona también para la de ella y, si lo hace, comprobar por qué. Para crear un ambiente propicio en el que esa persona te pregunte a ti sobre tus metas e intereses –en vez de que seas tú quien interrogue– tal vez lo único que requieras es preguntarle dónde va a estar para que te dé información, especialmente si ya son amigos; o tal vez solo tengas que preguntarle si le puedes invitar a un café o una cerveza, a conocer algún lugar nuevo o a alguna otra actividad.

Otro punto que debes tener en cuenta es el de invitar la persona adecuada. La forma en que hagas la invitación puede ser correcta. Pero si se la haces a quien no es, a quien no necesita de ti o de lo que quieres ofrecerle, a quien no le interesas, vas a perder el tiempo. Debes pensar más en la calidad de tu prospecto que en la cantidad. Inicié este capítulo hablando de BNI, una organización de la que soy socio, y de Toast Master, a la que seguramente me afiliaré. Como te conté, BNI tiene como objetivo apoyarnos a ubicar los conectores y clientes ideales; en la segunda la idea es apoyarte a mejorar tu oratoria y tu liderazgo. Cada una tiene un ámbito muy definido: si alguien hiciera una invitación de carácter político en ellas estaría totalmente fuera de lugar y sería ignorada por completo; pero si la invitación tuviera relación con capacitación, caería como anillo al dedo, habría muchos interesados.

Es vital que participes en círculos sociales en los que, además de poder invitar personas a tus proyectos importantes, te brinden apoyo para que lo hagas mejor y con más gente. Afortunadamente en vida he estado en equipos deportivos, académicos y políticos. Sin embargo, me costó mucho entender qué tipo de invitación encajaba en cada grupo e, incluso, lograr individualizar a sus miembros para hacer invitaciones alineadas con sus propósitos particulares. Cuando te acerques a los individuos de los grupos a los que pertenezcas, busca generar confianza en ti para que se sientan en la libertad de ser sinceros contigo: sus comentarios y preguntas te permitirán mejorar.

En resumen: debes hacer tus invitaciones de acuerdo con tu forma de ser, sin impostaciones; debes ser evidente que tu intención es apoyar a la otra persona, aunque seas tú quien busque la reunión. Toda buena relación nace de una conexión, de la confianza, de un propósito común, del principio del beneficio mutuo, del gana-gana: un negocio solo es bueno cuando es bueno para las dos partes y ambas ganan por igual.

Sería genial que pudieras utilizar el hashtag de este capítulo, **#invitando7**, en publicaciones que hagas generando llamadas a la acción, socializando, compartiendo en nuevos grupos sociales en los que puedas conocer más personas; sería excelente que también lo utilizaras para darme retroalimentación.

CAPÍTULO 6: #ofreciendo7

Un adagio popular afirma que lo que no se muestra, no se vende. Aunque algunas veces es mal interpretado y usado para señalar a personas por su manera de vestir, si se le toma literalmente tiene mucho sentido. Es clave que tengas la habilidad de hacer ofertas a partir de lo que puedes brindar para sumar personas a tu causa o proyecto. Como ya te lo he dicho antes, al buscar objetivos de alto nivel siempre vas a requerir de manos que te apoyen; de alguna manera es lo que yo mismo hago: yo te comparto mis experiencias para que tú mejores tus ofertas. Así, también, hacemos una cadena de conocimientos.

Ofrecer, más que una acción o verbo, su significado es más profundo. La teoría del dar y del sembrar conjuga el ofrecer lo que tienes para los demás de varias formas; tu sapiencia, tu intelectualidad, los dones o beneficios que te ha sido otorgados, el ofrecimiento sin interés le lleva a ser mejor y, así, poderte alinear con todos los regalos que te ofrecen la vida, el planeta y el universo... Ofrécete libremente cada día para recibir lo mejor del cosmos.

Jhon A. Rubio Arenas
Propietario de Editex Decoraciones

La mejor forma de explicar esta habilidad es viéndola desde el punto de vista comercial. Es posible que dos personas ofrezcan lo mismo en condiciones prácticamente iguales; sin embargo, una tiene un mercado muchas veces más grande que la otra. Esto se debe a la forma como la primera se relaciona, en cómo hace la oferta, cómo la ejecuta y la une. Hablemos, pues, de la oferta como la cuarta habilidad para tener resultados de alto nivel.

En mi opinión, la mejor forma de ofrecer tu proyecto –o de ofrecerte directamente a tu profesor@– es dando tres alternativas. Durante la primera conversación que Taty y yo sostuvimos en nuestra primera cita, yo supe –usando las habilidades anteriores– que ella tenía una relación frágil con alguien más; así que, muy sutilmente, me ofrecí para tres cosas: ser solo alguien que la molestaba; tener algo sin ningún compromiso; o poder reemplazar a dicho caballero.

Para ir al contexto general del logro de objetivos es importante que la oferta le sea hecha a la persona que toma las decisiones para que no haya lugar a opiniones personales que puedan distorsionar la información que das: así que asegúrate de estar hablando directamente con el acceso a tu profesor@. También es importante que seas tú, preferiblemente, quien haga la oferta. Si estás forzado a tener un acompañante, permítele hacer un breve resumen con soportes de lo que haces: pero ten presente que nadie te presentará a ti –o a tu trabajo– con la misma pasión que tú le vas a poner.

Creo que lo anterior está ligado a lo que te hablé de la atracción, pues ante Taty yo me comportaba con la certeza de que la conquistaría: estaba dispuesto a dar lo mejor de mí por estar con ella y le hacía ofertas transparentes, mostrándole mi esencia, para que ella entendiera que yo estaba firme; yo estaba decidido a no sufrir por no tenerla, independientemente de que ella estuviera con el sujeto en cuestión..., quien –de paso– no me caía nada bien, a pesar de que no lo conociera. Tú, amigo lector, viste en la historia que concretar este negocio me tomó casi un año: ella siempre supo que las alternativas que yo le ofrecía seguían ahí, sobre la mesa.

Me ha sucedido que, en algunos casos, he querido cotizar un servicio y, como respuesta, me preguntan por mi presupuesto. Esto me ha generado incomodidad, pues lo que puedo leer es que, para empezar, se duda de mi intención de comprar y, para continuar, me reducen todas las posibilidades de negociación. Prefiero que me muestren el tipo de proyectos que han realizado porque así puedo ubicarme yo mismo y tomar una decisión según mi propia apreciación.

Otra gran herramienta –a mi modo de ver– es hablar constantemente de cómo será la vida del prospecto con tu intervención. Una de las canciones que le dediqué a mi esposa al inicio de nuestra relación fue "La vuelta al mundo" de Calle 13: con ella le enviaba un mensaje muy claro de los viajes que podríamos hacer, de pasear tomados de la mano, de vivir con un revolucionario y de irnos adaptando en el proceso. Es importante que, cuando invites a tu profersor@ o le hables de lo que puedes aportarle al proyecto, hagas una oferta muy concreta. Para que tengas una idea más clara de cómo hacerla, te dejo lo que debe contener una historia; síguelo y podrás sistematizar:

1. Debes empezar por mostrar que eres como la mayoría de los individuos de tu público objetivo, que tienes dificultades como ellos y que, incluso, tienes

sus mismas objeciones; resalta el problema principal que tenías.
2. Explica de tres a cinco elementos que te permitieron –o que te están permitiendo– resolver el problema paso a paso; hazlo de una forma en que ellos se identifiquen contigo, vean que también pueden hacerlo y cómo podrías tú estar presente en su proceso.
3. Haciendo gala de positivismo –aunque sin sobre actuarte– menciónales cómo estás ahora, cómo te ves en el futuro; reitérales que estás con ellos para ayudarles a encontrar el camino más rápido hacia la solución de su problema o situación.
4. Si ves la posibilidad de hacer uso de ayudas visuales, prepara una presentación. Utiliza una imagen por cada elemento de la historia: así asegurarás siete diapositivas que deberás explicar en menos de cinco minutos para que seas concreto; ojalá te tomara menos de un minuto explicar cada una de ellas. Las imágenes deben ser simples, pues –si hay más de dos componentes aparte de texto– se puede desviar la atención. Asegúrate de que en esas siete diapositivas esté incluido un contexto general y de que uses analogías para que la gente entienda fácilmente lo que haces; muestra casos de éxito que puedan ser conocidos por la persona porque estos serán respaldo de tus palabras.
5. Si lo tuyo es un producto, dales muestras a tus prospectos para que vean la materialización de tu idea; si es un servicio, muéstrales testimonios de clientes satisfechos.

6. No puedes ser bueno ofreciendo si no eres bueno concretando. Al terminar tu presentación –tu corta presentación– debes permitirles que hablen, a partir de un par de preguntas poderosas. Como les diste tres alternativas, es importante que les preguntes cuál les ha gustado más. Luego pasa a hacer un descripción de cómo es el proceso de ejecución del proyecto, incluyendo modalidades de pago y una rápida descripción de los procedimientos administrativos.
7. Para finalizar, manifiéstales que estás listo para empezar a trabajar; muéstrate emocionado, ya que ellos están en la misma sintonía con respecto a su proyecto; ratifícales que les darás todo tu apoyo, que estarán en el mismo equipo. Haz que vean que lo importante es el proyecto.

Y como lo que no se muestra no se vende... es importante que aproveches para tomar una buena foto de la reunión en la que estás haciendo la oferta. Hace poco, a mi gran amiga Nancy Cárdenas le propusieron matrimonio: hicieron una transmisión en vivo de situación, lo colgaron en las redes sociales y la respuesta ha sido impresionante. ¡Ha dado tanto de qué hablar, que hasta consiguió otros prospectos! Así se entrelazan las otras habilidades.

Si tu meta tiene que ver con un tema comercial, el hecho que te vean con clientes hará que ganas credibilidad: puedes proponerte compartir con referentes de renombre, con directivos de clubes, con patrocinadores, con líderes de opinión. Si la meta que persigues es espiritual, puedes publicar algo con tu oportunidad. Lo importante es que tu público debe entender que, definitivamente, eres el mejor haciendo lo que haces y que estás decidido a conquistar a tu profesor@.

En resumen, debes utilizar las habilidades de las que te venido hablando en los capítulos anteriores para ser consciente de tu realidad y para asegurarte de que la persona que te interesa está interesada en ti. Debes explicarle que le solucionarás sus problemas: hazle una introducción personal, cuéntale una historia; luego exponle rápidamente algunas alternativas que le pueden ser útiles; muéstrale un testimonio convincente de alguien que ya te conoce; permítele experimentar los beneficios de lo que le ofreces y, finalmente, haz el proceso de concreción.

Realizar una oferta es la acción cumbre del proceso: es el plato fuerte del banquete. Por eso es vital prepararse sin olvidar que los negocios se hacen siendo concretos. Sé que vamos a sacar mucho provecho y a divertirnos con el hashtag de este capítulo, **#ofreciendo7**. Por eso te invito nuevamente a que lo uses cuando subas tus fotos y videos a las redes sociales.

CAPÍTULO 7: #uniendo7

Cuando hayas alcanzado tu objetivo, seguramente buscarás otro: uno mayor, por eso es clave que tengas una estrategia para sistematizar todos los esfuerzos y, por supuesto, tu nuevo capital relacional. La de congregar es una habilidad de líderes: la unión hace la fuerza.

El trabajo en equipo es la base para elevar los resultados. Si haces las cosas de manera individual, solo podrás alcanzar resultados que estén a una altura limitada; en cambio, si trabajas en equipo, podrás llegar a objetivos extraordinarios. Se ha demostrado que la sinergia es la fuerza más poderosa para avanzar en la vida: es la palanca que te facilitará superar los pesados obstáculos que se te presentarán en el camino y que lo hará, muy posiblemente, de una manera divertida. Trabajar en equipo nos implica relacionarnos; cuando la intención de esta acción es poderosa, se alinean las energías de los miembros del equipo y se genera –sin lugar a dudas– un ambiente de bienestar colectivo y una satisfacción increíble. Así lo afirma Federick Lambrano Martínez, Fred Coach.

Ahora completa el ciclo para que inicie nuevamente.

Nuestra naturaleza nos reúne en comunidad. Aunque con Taty me resultó fácil explicarle la estructura de mi familia, mi parte scout, mi rugby, mis experimentos y mis actividades de voluntariado social, en mis relaciones anteriores fue algo que no fluyó con facilidad… cuando logré hacerlo. Sabía cuál era el costo de abrir mi intimidad y me daba temor que se entrometieran, aunque en muchos casos la persona provenía de alguno de esos círculos sociales. Era un enfrentamiento de sentimientos porque, al mismo tiempo, esos grupos me daban su apoyo para superar momentos difíciles; además son grupos que valoro y aprecio tanto, que no me permitía llevar a cualquier persona a sus espacios.

Cuando Taty me acompañó a rugby –como era de esperarse– mis amigos le hicieron toda suerte de comentarios y de preguntas incómodas y, con ellas, la involucraron en el grupo, llevaron nuestra relación al siguiente nivel. Taty se involucró tanto a mi tarea en los scouts, que animó a su primo Juanchorizo a que se uniera al movimiento; él asistió por varios meses a las reuniones y compartimos con familias y con otras parejas.

Afortunadamente en mi vida tengo a mucha gente de valor que me enseña a disfrutar de las similitudes y a apreciar las diferencias. Y, por eso, quiero reconocer a algunos: Guty y Jessi, Nancy y Freddy, Pao y Dani, Vivis y Javi, Jaime y Caro –nuestros amados ahijados– Lina y Jairito, Luca y Gina, Sandrita y Dani, don Roso y Jacky, Evelyn y Andrés (los Flacos), Cami y Lucía, Kerly y Camilo, Natica y Andrés, Alejo y Jenny, Ingrid y Javier, Jennyffer y Alejo (los Pedros), Paola y David, Dani y Félix, Henrique y Sandra, Mauro y Rochy, Monky y Diana, Memo y Mary, Edward y Pao, Jorge y Nidia, Nana y Vence, Beto y Maye, Luisa y Rasta. También quiero mencionar a los profes: Dani y Paho, Cami y Juan, Anna y Juan, Gabo y Pao, Nata y Fred, Leo y Luz. Quiero destacar el enorme ejemplo de mis amados padrinos, Mechas y César. Aunque sé que no nombro a muchísimos porque la lista sería interminable, también sé que ellos están seguros de estar en mi corazón.

Estar rodeado de ganadores potencializa tu éxito, moldea tu forma de pensar y te impulsa a lograr grandes cosas con tu profesor@; también te facilita la vida, te inyecta fe y positivismo. ¡La idea es que tengas todo esto en tu vida, búscalos! Dicen mis maestros, Renato y Gutemberg, que debes alejarte de quienes no crean en ti para que puedas abrirle espacio a gente positiva. Yo lo he comprobado; y, aunque puede doler dejar a alguien que habías considerado tu amigo, si ese alguien no te aportaba nada, con el tiempo comprenderás que con él no podrías construir tu mundo como lo haces ahora en tu nuevo contexto.

Aprovechando el tema, quiero nombrarte a algunos de los ganadores que me rodean, vienen del mundo de los negocios y del mundo del deporte: obviamente, mi profesora, Tatiana Díaz, Edisson Cruz, Julieth Mora, Laura Dueñas, Alexander Ramos, Martha Cañón, Catalina

Camargo, Mónica López, Patricio Rosas, Andrea Oliveros, Rubby Kriete, Kachi Joel, Martha Lombana, César Rúa, Daniel Acosta, Ingrid Escobar, Richie Cárdenas, Margarita Cabrera, Faiver Sánchez, Gerardo Coral, Marco Christen, Jorge Ortiz, entre otros compañeros de equipo y colegas; también están Diana Vargas, Sergio Liévano, Mauricio Galindo, Mauricio Zuluaga, Guillermo Saenz, Dunnia Vargas, Andrés Morales, Augusto Morales, Álvaro Martínez, Santiago Atuesta, Adolfo Campos e hijos, Levi Alvarado, Nora Beltrán, Marcel Verand, Andrés Morales, Andrés Ardila, un puñado de empresarios e inversionistas de quienes aprendo constantemente; también están mis mentores Robert Kiyosaki, Marcus Lemonis, Elon Musk, Erick Gamio, Erick Worre, José Bobadilla. Sé que en esta lista también faltan nombres…a los que más insistan habrá que ponerlos en la siguiente edición jejejeje.

Podrás pensar que estos listados de amigos parecen más una sección de agradecimientos que un capítulo del libro. Pero esto tiene un objetivo muy claro: antes te hablé de la importancia de rodearse bien y no hay nada que pueda unir más que el agradecimiento y la generación de valor. Esta es una lección que aprendí gracias al ejemplo de la doctora Nora Beltrán, quien –después de mi esposa– creería que es la persona que más menciono en el libro: estoy convencido de que ella no ve en sus clientes (a los LAR y los OAR) como números, sino que se esfuerza con ahínco y generosidad por que avancemos en nuestros proyectos de vida alrededor del mundo.

En resumen, tu logro –tu profesor@– se debe unir a lo que haces: debes involucrarle en tu vida, tanto como te sea posible; debes ocuparte de integrar a todas las personas que generan valor en tu vida porque, así, produces raíces que despliegan una red de apoyo mutuo. La invitación de este **#uniendo7** es muy sencilla, se condensa en la idea de que cada vez que tengas la posibilidad de reconocer la labor o la presencia de alguien, la aproveches como si no fueran a haber más. ¡Invéntate cómo aliarte con personas que sumen, que te aporten, que hablen bien de ti!

Otra cosa que te invito a notar es que un buen proveedor es, también, un buen cliente. Es por esto que yo siempre tengo muy presentes a quienes me prestan sus servicios. Te invito, pues, a tener presente el hashtag **#sustainablementor** en caso que hables de mí...; y si vas a mencionar este libro, si vas a hacer algún tipo de recomendación en LinkedIn o das algún testimonio con respecto a lo que te he compartido, etiquétame también: eso será muy valioso para mí, podré tenerte presente y estar en contacto contigo, amigo lector.

Te deseo muchos éxitos: quiero que puedas desarrollar las habilidades de las que te he hablado y que mis consejos te sean útiles; quiero que encuentres el camino de la innovación y puedas estar en contacto con las personas que se involucren en tu proceso de conquistar a tu profesor@. También quiero agradecerte el haberme leído y te invito a disfrutar de unas palabras de mi profesora Tatiana para que sepas lo que ella piensa y un poco más de lo que hacemos. Te invito, otra vez, a contactarme para resolver dudas o para ampliarte temas que te hayan llamado la atención.

CAPÍTULO 8: MI PROFESORA TE SALUDA

En mis planes, te confieso, no estaba la vocación de ser docente. Todo sucedió por dos puntos que se conectaron: uno, la labor que había hecho una gran amiga de abrir el espacio para que los egresados de la Facultad pudiéramos dar clases y el otro, la buena imagen que yo tenía ante Armando Fonseca, el entonces director de la carrera. Un día me llamaron para que me vinculara con la Facultad de Ingeniería Ambiental y Sanitaria de la Universidad Autónoma de Colombia. Me pareció una propuesta interesante porque siempre me ha gustado compartir mis conocimientos; me atrajo de idea de estudiar más, pues orientar una hora de cátedra representaba una o dos de preparación: el reto se veía prometedor; entre los grupos que me fueron asignados estaba el de Ingeniería Ambiental, en la clase de control ambiental de procesos. Sucedió algo divertido: por mi edad, por ser tan joven, al principio ni los estudiantes, ni de los maestros me reconocían como "la profesora"; y si tenía clases en otra facultad, convencer a los guardias de que me dieran acceso era una complicación.

El primer día –tal como ya lo contó Gary– llegué muy seria, saludé y me presenté, sin saber que entre los alumnos estaba mi futuro esposo. Gary percibía que yo era distante, pero yo estaba en mi rol de ser responsable y objetiva: era consciente de mi posición como maestra. Por eso no sostuvimos ninguna relación que no estuviera en los manuales; pero, haciendo una retrospectiva sincera, me di cuenta de que acumulaba los detalles que serían la semilla del amor y la admiración que ahora siento por él.

Recuerdo a Gary como un estudiante brillante, analítico y enfocado en la eficiencia. Pasarlo al tablero era sorprendente: él resolvía los problemas utilizando pocos recursos, de una forma rápida y práctica; no como yo, que planteaba soluciones enmarañadas y llenas de detalles. En mi cabeza resonaban las palabras de Einstein: "Si no lo puedes explicar de manera sencilla, es porque no lo has comprendido bien". Eso también me sucedía en el plano personal: cuando Gary me hacía sus insinuaciones, yo pensaba en la tan compleja relación que llevaba en ese tiempo y creía conveniente no enredarme más la vida involucrándome con un estudiante

Gary se hacía notar, aunque yo pretendiera que no. Un día estaba elegantísimo, de traje y corbata, regio; pero no lucía como siempre, no se veía alegre, entusiasmado, dispuesto a burlarse hasta de él mismo. Tenía una sombra en los ojos, noté que algo le exprimía el corazón y deseé ser su amiga para consolarlo. Pero no me lo permití: como yo era su profesora me contuve y solo crucé unas palabras con él. Años después supe sobre esa decepción amorosa que ya él te contó hace poco, la de la chica de quien él resultó ser amante. Hoy soy consciente de que acerté en mi desempeño como docente: tal vez por mi edad tan cercana a la de los alumnos, nunca tuve una posición de autoridad encumbrada ni fui dueña de la verdad; comprendí que muchas veces las personas pasan por batallas que no podemos imaginar y que, por eso, es importante ser amable y empático, saber escuchar.

Aunque sé que Gary ya lo contó con detalles, quiero mencionar algo que fue importante para mí: el viaje a la Sierra Nevada de Güicán. Pretendí verlo como un estudiante amable que quiso apoyarme en los pasos difíciles de la excursión, pero su encanto fue más fuerte que mi fingida indiferencia. Tuvimos nuestro primer trayecto tomados de la mano; el primero de muchos, como me lo hacía ver con la canción de Calle 13. Hoy seguimos tomándonos de la mano: nuestros días están llenos de buena energía; transcurren con grupos de empresarios, con amigos de toda la vida que quieren que los apoyemos con la información que ha cambiado nuestros resultados y que no se encuentra en los colegios ni en las universidades; hacemos entrenamientos con el simulador financiero Cashflow, una metodología desarrollada por Robert Kiyosaki que busca la mejora en materia financiera; emprendemos viajes de negocios, organizamos eventos de divulgación; y, por supuesto, le dedicamos muchos tiempo a nuestras familias.

GARY MATURANA

#Sustainablementor

Desde ya –y con la cercanía que ahora tenemos, amigo lector– te invito a reservar una experiencia más cercana para tu grupo de colegas, colaboradores o amigos que piensan diferente y están abiertos a un aprendizaje fuera de los moldes. Compártenos tus experiencias con el hashtag #sustainablementor o con los hashtags de los diferentes capítulos de este libro.

El mundo avanzará hacia la búsqueda de la asociación de talentos. Y todos los talentos juntos nos llevarán a dejar de competir, nos permitirán aportar lo que cada uno de nosotros tenemos; nos facilitarán la generación de un valor adicional para todos con base en las experiencias particulares de cada uno de nosotros.

Estoy convencido de que la verdadera sostenibilidad viene de dos partes: la primera, de que cada uno de nosotros dé lo mejor que tiene para lograr el éxito; la otra, de que todos compartamos con los demás lo que nos ha funcionado para que el grupo entero tenga mejores herramientas. Como ingeniero ambiental necesito el aporte de músicos y deportistas, de docentes, empresarios y directivos, y de otros miles de profesionales de diferentes ramas para crear una enorme red de colabores que nos beneficie a todos al permitirnos avanzar en la consolidación de los siete resultados para los que hoy pongo sobre la mesa las 5 habilidades A,E,I,O,U.

ACERCA DEL AUTOR

Gary Maturana es líder del equipo internacional SmartTeam, mentor en el sector de las criptomonedas, la sostenibilidad personal y las comunidades de empresarios; hijo biológico de Martha y Oscar (Q.E.P.D.), esposo de Taty, ahijado de César y de Mechas; hermano biológico de Nicolás, Dora, Oscar y Carlos; hermano afectivo de Dieery, Nahally y amigo de las personas prósperas con las que interactúa diariamente.

Como mentor se dedica a compartir sus vivencias para que la gente se beneficie con ellas; en especial, en el área de las criptomonedas, que es donde ha tenido excelentes resultados. Con el propósito de apoyar a personas a tomar decisiones, tiene como base las inversiones que le han funcionado en su vida privada y en su mercado de las criptomonedas, en los entrenamientos, deportes, y en las comunidades de empresariales de la que forma parte. Como buen dirigente scout que es, está listo para servir.

Como dirían en "Los Magníficos", aquella serie de televisión tan famosa hace unos años: "Si quieres apoyo y puedes localizarme, seguramente estaré abierto a que me puedas contar tu caso". Siempre estaré dispuesto a ofrecerte una capacitación o mentoría. Así que anímate y contáctame en mis redes sociales; permíteme ir a tu comunidad o a tu empresa para que, entre todos, construyamos una sostenibilidad real.

Gracias por acercarte a este libro pues es la vía para inspirar a muchos a conocer mi historia.

Redes Sociales
LinkedIn: linkedin.com/in/garymaturana
https://www.facebook.com/GaryMaturanaMacivos
https://www.instagram.com/garymaturana/
YouTube: https://www.youtube.com/user/GaryMaturana

Página de Autor de Amazon:
amazon.com/author/garymaturana

CONTACTA CON GARY MATURANA COMO CONFERENCISTA

A través de sus conferencias Gary inspira y promueve la toma de acción para el logro de objetivos de alto nivel.

Si deseas que Gary participe en un evento empresarial puedes tomar contacto con él mediante el correo:

garymescritor@gmail.com

SMART TEAM OFICIAL

Conoce la página oficial de Smart Team, desde donde Gary ayudar a las personas a educarse en cripto-economía

https://www.facebook.com/SmartTeamCol

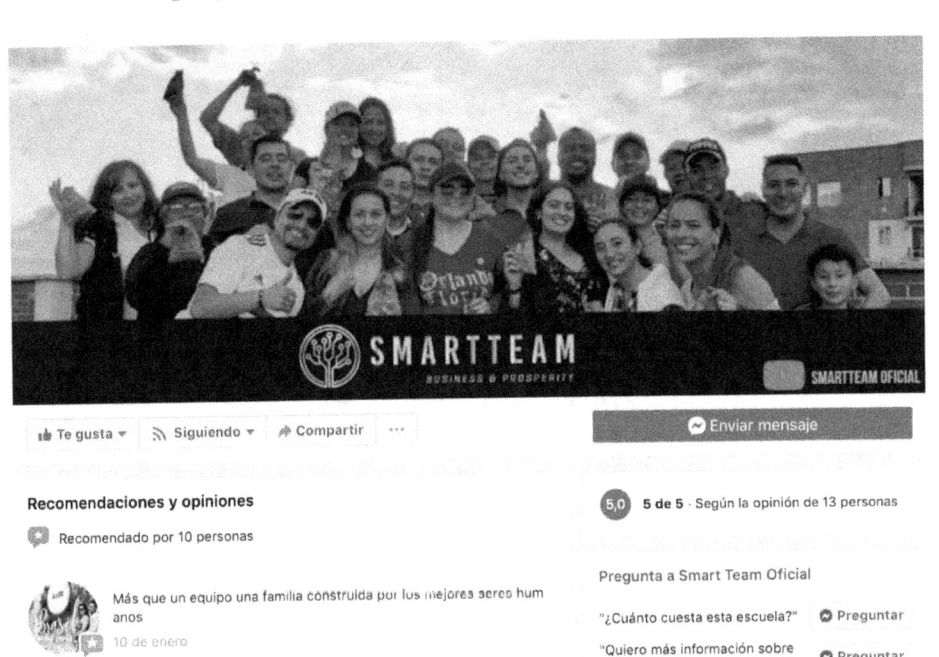

Conquista a tu profesor@
© Gary Maturana
2019

www.ingramcontent.com/pod-product-compliance
Lightning Source LLC
Chambersburg PA
CBHW070259220526
45465CB00004B/1672